LA LENGUA DE LOS DIOSES

Maximiliano Hernández Marcos

LA LENGUA DE LOS DIOSES
Primera Edición 2024

© Maximiliano Hernández Marcos 2024
© Imagen de cubierta: Leonardo López Monroy

© Ediciones Rilke.
http://www.edicionesrilke.com
editorial@edicionesrilke.com
C/Dr. Fleming Nº 50, 4ºD
28036 Madrid
Teléfono: 34 91 999 13 12

ISBN-13:978-84-18566-36-3

Depósito Legal: M-5049-2024

LA LENGUA DE LOS DIOSES

MAXIMILIANO HERNÁNDEZ MARCOS

LIMINAR

Mi amigo Maximiliano es filósofo y profesor de Filosofía: indaga en temas tan sencillos como el sentido de las cosas, la experiencia del tiempo histórico o la constitución de la subjetividad, se pierde en el vocabulario y los conceptos con los que tratamos de entendernos y de entender el mundo, se estrella contra las contradicciones de la Ética y la Ontología y —menos mal— halla refugio en los calurosos abrazos de la Estética.

Mi amigo Maximiliano es poeta. Y, como poeta, observa su *circum*-stancia, la interpreta y la plasma en versos. Estas líneas son un mínimo homenaje de admiración a esa manía suya de observar, interpretar y plasmar, que le ha llevado a componer varios libros, de los que este se aparta un poco en el tono: podría calificarse de satírico, una digna ramita en el frondoso árbol que plantaron Horacio, Persio o Juvenal.

Según Breton, «la belleza de las cosas es fruto de la búsqueda de lo maravilloso», pero ¿qué es lo maravilloso? Y, si el arte en general es crear lo bello, ¿qué será destruir —o al menos reprobar— lo feo? Ambos son conceptos subjetivos y por tanto relativos, pero no cabe duda de que el objeto de la sátira, esa visión crítica de la quebradiza realidad circundante, es tan legítimo como una elevada oda a las humildes amapolas o a su *alter ego* reflejado en el espejo, magistralmente compuestas por Maximiliano en otros momentos inspirados.

Aquí el filósofo se hace poeta idealista, moralista, comprometido, y se enfrenta a realidades feas que le inspiran indignación, estupefacción, lástima o simplemente risa. El propósito del escritor satírico suele ser desquitarse por lo que le exaspera subrayándolo y sometiéndolo a inteligente ludibrio en connivencia con el lector, al menos para constatar ambos su común impotencia ante el delirio ambiente.

Desde el anuncio inicial de que se trata de una diatriba contra lo superficial de una sociedad que vive de la representación, este libro ofrece sabrosas rebanadas de algunas de las frecuentes miserias humanas, señeramente la orgullosa necedad de algunos mamíferos coetáneos, su inanidad, su soberbia. (¡Qué bien encaja aquí aquel destello virgiliano de *debellare superbos*!). Y verdades elementales como «goce autista de la pista» u «ovarios son sicarios del *homo* cuaternario», y agustinianas como «la gloria es una marca del pillaje».

Por definición la sátira es lúdica y aquí hallará el lector todo tipo de juegos de palabras y de sonidos, aliteraciones, paronomasias, rimas internas, irónicos enclíticos, neologismos juguetones («Ciberestesia», «egometraje»), aunque detrás haya cuchilladas mortales como «paráclito animal» o «que le crucifiquen». Hacer pensar es un logro, hacerlo con humor, aunque cáustico, más aún.

Una delicia en estos tristes tiempos de politicorrectitis.

Pollux Hernúñez

NOTA PREVIA DEL AUTOR

El libro que tienes en tus manos, lector, se publica, con ligeras correcciones recientes, tal como fue concluido hace más de diez años, en agosto de 2012. Los poemas que lo componen, los que han sobrevivido entre algunos otros más que se quedaron en el camino —que me perdonen por haberles privado de esta vanidad—, se fueron escribiendo, cada uno en su momento, a lo largo de más de tres lustros, a partir de febrero de 1995. Fue en ese año cuando surgió, como impulso de última juventud, un proyecto poético nuevo pero aún indeterminado, que enseguida, con los primeros frutos literarios, empezó a desdoblarse en dos vías de creación lingüística, dos estilos y tonos de escritura, dos libros distintos, elaborados a la par pero por separado en el transcurso de esos más de quince años: *La mirada mirífica,* que orientó el compromiso de la poesía con la regeneración del lenguaje hacia sus orígenes mismos, explorando el instante adánico y lúdico del encuentro inicial de la palabra con el mundo; y el actual poemario, *La lengua de los dioses,* que aspiraba —aspira— a poner a resguardo el poder del decir humano, su capacidad de nombrar las cosas, desautorizando el lenguaje falso de la sociedad en que vivimos, estrellándolo contra el espejo de sus usos fraudulentos y grandilocuentes falsificaciones.

Una década después de haber sido terminado y varias tras su concepción y gestación, este poemario, por lo que plantea y denuncia, conserva su actualidad, es incluso ahora quizás más actual que cuando se fraguó, a finales del siglo pasado: los indicios de entonces, los presentimientos que dieron rienda suelta a la fantasía poética y afinaron su voz satírica, parecen haberse cumplido hoy más allá de lo imaginable hasta alcanzar el estatus privilegiado de lo evidente, de lo natural, de la luz que no podemos ver porque miramos el mundo desde ella. *La lengua de los dioses* te invita, querido lector, a volver los ojos sobre esta ofuscación palmaria, a cuestionar su notoriedad asfixiante, y lo hace proponiéndote este ejercicio crítico y a la vez gozoso de un lenguaje poético que se crea y se reivindica a sí mismo desmintiendo sus imágenes espurias.

Villares de la Reina, a 4 de enero de 2024

LA LENGUA DE LOS DIOSES

TEORÍA DEL LENGUAJE

Para lo que fluye o finge
más eterno que mortal
en las expendedurías o los escaparates,
y es relámpago,
guarismo de la caducidad.

Para lo que fenece
o brilla con la ubicuidad
del látigo.

Para lo que está al alcance
del ojo y a la mano del canje,
más puro cuanto más ligero,
más efímero cuanto menos noble,
menos cálido cuanto más higiénico.

Para los avatares y el ocio
de las videotecas, cosméticos
e idiotecas, donde
pululan los lares de la virtud virtual.

Para todo lo que es más veraz
oblicuo o de perfil en los fotogramas
que en la gramática;
pido el alma y la palabra,
el ojal y el ajo,
que contagian miméticos
la magia de la imagen.

PRIMERA PARTE

MAGISTRAL

LECCIÓN INAUGURAL

Pósose
     águila imperial
sobre el estrado a las nueve en punto *ante meridiem.*
Excelso izose
     avistando a sus presas,
—quiero decir— promesas de sabiduría,
y con gesto avieso
     mostroles
su corazón y
     sus garras,
también sus méritos
(llevaba la corbata amarillenta
por los años de amor al mismo oficio),
así como el dominio de la materia
humana.
     Encorvose después
recogiendo tanto despilfarro
     en una mirada
queda, reflexiva,
     picuda hasta el fondo del abismo.

La hora había llegado
que anunciaran los timbres:
un cuarto de penumbra —modestia de la idea—,
papeles polvorientos, profundos
como la misma historia,
y un rutilante público bostezando, pluma en mano,
de báquica especulación.

Entonces desplegose su voz, su aliento, su palabra
(que mana savia y hiel):

de un rugido
estremeciéronse las plantas,
los prejuicios,

los espíritus del bosque,
los misterios

de la naturaleza ... y
del colega. Y, viendo
que lo hallado y pronunciado era perfecto,
providencial,

felino,
relamiose

de ingenio,
postrose ante su eructa erudición
y derramose para siempre,

paráclito animal,
sobre las restantes criaturas, que aguardan,
desperezándose, su próxima lección.

ANÉCDOTA *ALEJANDRINA*

La acicalada sombra de una efigie
que exhibe su figura como espuma dorada.
Expectación exánime.

El fondo del misterio:
la agonía de las palabras hueras,
del brillo almidonado entre las piedras
de la historia, las inscripciones graves,
las glosas de las glosas, garabatos
empolvados por el óxido de un arcano museo.[1].

---

[1] *Apéndice indispensable.*

Los prenotandos denotan el olvido más donoso.

Mitad de los legajos desgastados.

La mitad de las mitades

es el todo, exuberante oquedad.

CORAL *PRO DOCTIS*

¡Cuán elocuentes
pululan las doctrinas
que una sesuda voz fulmina
entre los dientes!

Pergamino es el nombre de los bienaventurados,
su brazo la acedía, su corazón la euforia.
Millares de palabras se desgastan fundidas
en espejos contra espejos, en hornacinas tibias
de ansiedad y tiempo aciago, para brillar
después, el día de difuntos,
con su pompa ancestral de venerable adagio.

¡Cuán elocuentes
pululan las doctrinas
que una sesuda voz fulmina
entre los dientes!

Seriedad y pulcritud lavan la duda,
la exhibición, el hastío, protocolo
de horas desempolvando el miedo
de mirarse entre los vivos,
acicalando odres de verdad enarenada,
desagravio de un sueño gótico,
truhán,
              trovadoresco.

¡Cuán elocuentes
pululan las doctrinas
que una sesuda voz fulmina
entre los dientes!

EL PARNASO

Aquí
musitan
los investigadores
que meditan
a la estela del saber.
Sagaces
solipsistas rapaces
de su propio placer.

Ateridos
por el polvo
de los manuscritos
y el academicismo
de su sensatez,
afilan el seso,
la letra y el tiempo
hilando conceptos
entre las estrías
del mismo palimpsesto
una y otra vez.

Eremitas locuaces,
prolíficos sabuesos
que ladran en la noche
ponderando el eco
de su brillantez.

HUMUS REDEMPTORIS

Al alto prócer que sobrevuela el gesto
y la mirada,
que mira desde la portada
de la penúltima entrevista, y es sólo alma,
pulcritud de todas las almas.

Al comisario de cuello público y de palabra
blindada,
que se yergue como ave solitaria,
capaz o rapaz,
sobre los riscos de su silencio y de su corbata,
sin caer en el despropósito
o la nostalgia.

Al que es feliz al filo de la nada,
incorpóreo en su voz,
delicuescente al tacto, y en la abundancia
truhán de corazones ardientes contra el alba.

A todo profesional que profesa la pureza de su dios
y la mentira de su cuerpo,
que escancia,
enredado en el halo de su hado inmortal,
la eficacia
de su voluntad y talento
sobre el resto de las mortales alimañas.

Al aurático
        y hermético,
luz y ático
        del tiempo,
y de la sociedad ejemplo
de glorificación;
          sólo un deseo
le basta para ser más humano:
que le crucifiquen,
como a todo buen Mesías
que se precie de filantropía.

LA INSTALACIÓN DE LOS GENIARCAS

Si buscáis un linaje
que os haga parecidos a los dioses,
subid al transbordador de los geniarcas,
la extática atracción de feria
que os transporta de un hechizo a otro
sin miramiento. En el pasaje avistaréis
los misterios de un alma esquiva, estrafalaria,
y el cuerno de la imaginería
repleto de ocurrencias, como si el furgón del tiempo
pudiera descargarse a golpes con las manos.

¡Adiós a la rutina
de quedarse tan tranquilo en tierra!
Subid al tren más rápido,
poned el cuerpo en vilo por un ardid
de efectos señoriales: ser ala,
ser volátil, seráfico y sideral
bajo el ojo lisonjero de la altura.
Quien lo prueba una vez,
nunca repite en balde el mismo trance.

Todo es fantasmagoría allí,
todo porta en vivo, a bajo coste,
el exceso repentino de la gloria:
la intriga como un sonoro salto apocalíptico,
su truculento arte de sentir
bajo chistera la profundidad en el aire,
la piel que se desinfla con los truenos
y abalorios del deslumbramiento mortal.

No hay enredo en garantía
de vuelo más promiscuo, ni despilfarro en gases
veleidosos —patente
de fructícolas y cabezudos—
que os torne más perfectos al vacío.
Por gentileza del oficio y sus encantos
marciales cualquier talento oculto
pavonearse puede entre los focos
y ser tocado por la dicha
sin ánimo de enmienda.

Venid, bebed la pócima de hechicería
que destila su lluvia aquí de voces pegadizas,
y vivid el vértigo de transmutar sin miedo
una palabra fácil en obscena,
la melodía más grotesca
en jubiloso baile popular.

Entrad, que la función ya ha comenzado.
No hay límite de aforo
ni llave de apertura y cese;
basta un requiebro feliz
y el ticket en blanco, petulante y frío,
de la propia ambición.

ANTE EL TOCADOR

Ella,
pureza en la mirada glacial
hasta la mítica vértebra de Eva.
(Final de la historia,
esa ignominia de una edénica raza).

Ella,
abriendo glaciación ginecoidal,
desempolvando el gestículo del tiempo
en *lady*gítima defensa,
sin erótica aflicción,
empuñando derecho y lenguaje
con femismísima razón
(la lógica travestida de la fábula rasa);
Ella,
mártir y omega en la saga del varón,
ha hablado locuazmente, con sutileza astral
ha descrito la logia francmasónica
del sueño genital
(ovarios son sicarios del *homo* cuaternario),
y, convicta de profética ficción,
se ha conjurado *de iure* ante el futuro;
Ella,
sagacísima vestal del género inmolado por natura.
No habrá más tráfico de hembra
por centímetro de piel,
ni labios de carmín para el deseo
ni palabra de hombre que pronuncie el nombre de mujer.
Se hará la luz de nuevo sin patria potestad,
sin oficio de madre ni cuerpo de pasión,
con concepción in vitro *o digital.*

Así expresóse Ella,
el rostro enjuto, absorto
de andrógina emoción ante el espejo;
así pensó en su fuero oculto,
con ánimo tenaz, viril, hirsuto.
Así, hurgando en sus pupilas,
la efigie replicó:
Oh, sibila de lúcidas entrañas,
institutriz de angelical visión,
tú, la más sabia de las hadas sabias,
la que en la sonrisa de Mona Lisa
sabe escrutar la corrupción del goce,
la de testuz preclara; tú,

                               escúchame,
dime por qué tus cívicas y libres damiselas
se bañan todavía en aroma de Chanel
y sufren pasarelas
de vergonzante tacto maniquí,
por qué se arropan táctiles en gráciles
caricias, largas como el cielo,
en lugar de raparse el cabello hasta la hiel
y maldecir la cortesía vulgar
de los señores caballeros,
esbirros del poder.
Dime por qué también se entregan
al canto del placer oscuro,
a la vil seducción de la belleza,
al culto sanguinario de la moda,
a la hecatombe lúbrica del rapto marital,
sin un remordimiento de uñas y de pies,
como si el odio diluviano ya no sobreviviera.

Hierática en su táctica,
con el pecho oprimido por la ira,
erguiose Ella y conmoviose
de espanto ante el oráculo inmundo.
Mientes —vociferó con rabia—
arpía terrenal, ubicua mensajera
del falo romanicus latinus.
Ellas mis cariátides son
y el reino fundarán
de la igualdad lunática sensual,
cuando tú, bruja impertinente,
arranques de sus manos la cruz
del embelesamiento conyugal,
las curvas del sentido, el misterio procaz,
arcano del amor convencional,
y en vida las devuelvas a su desnudez natural
de almas duras y de paz nonata,
sin el cruel maquillaje de la falsa dicha
o la estulticia de su gusto ornamental,
seriamente dispuestas al deliquio
del Uno inseminal.

Así explayose Ella, y solazose,
estirando fijamente su virtud,
mientras la faz profunda y enigmática
iba encogiendo en el espejo su verdad
hasta romperse en mil pedazos de ilusión.
Como un mosaico de colores,
crecía dulcemente entre los restos
una muñeca gris con barba de cristal.
Ella,
perpleja ante el hechizo,
                            enmudeció.

IN MEDIATICAM REM

Heraldo el Joven,
primogénito del Tiempo
y de la vetusta Crónica ocular,
acreditado en todos los lugares
por su voz profesional
—dice verdad quien testifica
en tierra, en vida, en gloria—,
filma, apuntala,
                        pulsa y pregona
el advenimiento *in situ* de la historia
con la emotiva exactitud
de la caridad eterna en sus ojos,
teletipos de la celebridad.

Heraldo el Sabio, el Raudo,
gestor de la Conciencia
y agente de la Curiosidad Global,
llegó, grabó y juzgó en descargo público
cuanto merece el don de la existencia,
la autoridad de ser dictado y hecho
portada natural desde lo oscuro
con ese beneplácito omnisciente
que la audiencia otorga al desamparo,
la imagen, a lo que cursa o calla
sin el color veraz de los archivos.

Heraldo el Demiurgo,
el Crítico, el Magnánimo,
habiendo dado luz a la evidencia,
gustó en directo del prodigio y descansó
a intervalos, como un bufón de entregas,
repartiendo instantáneas y exclusivas,
dejando en negativo el esplendor
locuaz de la penúltima tirada,
toma falsa al fin
de otra emisión triunfante
—no hay claridad sin turno de palabra—.

Entonces contempló la servidumbre
del mundo postrándose a su cámara,
implorando la piel de la noticia
por cada gesto en vano,
cual *flash* de salvamento en el vacío.
Por contagio de popularidad
se expandió y derramó imparcial,
democráticamente a crédito
por todos los mortales,
conectando sus almas entre sí
como satélites sin centro receptor.
Ahora flota, relator asiduo
de su efigie, ubérrimo y ubicuo,
en la mirada autógrafa y complaciente
de los cuerpos en red.

TEOGONÍA DEL LLANTO

Fue destinado en serie a ser
piel de escaparate
y allí gozó de una existencia
en perpetua promoción,
incorrupta, angelical,
igual que un dignatario de los dioses
respetado tan sólo por su pulcra
línea tórrida de ropa.

Como un perfecto maniquí
echose, sin embargo, a andar un día
por efecto de la publicidad
y recaló en la calle
con un soplo de vida.
Llevaba de oferta el mismo porte
con su augusta emoción de temporada
y estirábase al hablar
desplegando el vacío
con todas la virtudes de su marca.
No había aún cambiado el chip olímpico
por el pesar a saldo de los vivos.
Portaba todavía un corazón tan puro
que etiquetósele de un pasmo su mirada,
le puso precio y cita previa
y luego estornudó
ante el olor anónimo, promiscuo de la masa.

Herido por su falta de conciencia,
se avino a hacerse frágil,
a patentar un cuerpo más humano,
que transportase lágrimas consigo.
Entonces diole por repartir su sangre
y su impudicia en sonoras tomas microscópicas
e invertirlas en el negocio rápido
del daño. Al sutil contacto con lo ajeno
las llagas se le abrían por doquier
de tanta escena en que admirarse,
y se cargaba de agravios,
progresaba en derechos
y asechanzas, tornábase intocable.
No había al fin cambiado el chip olímpico;
lo había recargado
con el prestigio inmundo del dolor.

LECCIÓN DE AUTOESCUELA

Explosión coral de motores
                    en hilera
rasgando el decorado incólume
                    del amanecer.
El arte más preciado de la vida
es la estridencia bronca y humeante
del asfalto asaltando los pulmones, orgullo
de la civilización en el paisaje.
¿A dónde se dirige con premura
felina tanta ostentación de fuerza,
qué alto destino la convoca cada día
a recorrer sin tregua el desaliento?

Nada se busca, nada nos espera
aquí más que el adorno e instrucción del alma
en las grandes verdades que decreta
el poder locuaz de la mecánica
en su manual de usuario virtuoso.
Destaca por decoro,
con ruidos de relieve y videoclips salvajes,
el axioma insigne del corredor de fondo,
modelo vial de promoción en el capítulo
de trato y cortesía:

                    Entre un cuerpo y otro cuerpo
que por primera vez se encuentran,
ya no hay distancia respetable
que la velocidad depredadora no desplace
al punto cero de la sensibilidad
o al espacio vacío de la propia altivez.

Los pliegues y ataduras del buen decir
y del obrar con miramientos
—razona el sabio manualista—
fetiches insalubres son de un tiempo de temor
y de fragilidad, que ha desmentido
el blindaje infalible de la máquina.
Absténganse, por tanto, del divino viaje
—sin excepción no hay norma venerable—
los lentos de corazón en tramos peligrosos,
los de dignidad pesada, con carga
de intimidad superior al roce permitido,
los que transportan sentimientos inflamables
de compasión o gentileza,
los piratas infractores
del goce autista de la pista.

Tan rentable eficacia selectiva
en las formas del tráfico común
y pasajero, en el lenguaje técnico
de la movilidad entre próximos y extraños
revela un pensamiento de rodaje único,
una teoría de nobleza y corrección política
que el usuario aprende en marcha, o consultando
en el apéndice de complementos básicos
el mapa democrático de largo egometraje:
La experiencia de la igualdad en ruta
—reza el teorema del civismo,
pulchra imago magistra vitae—
crece en dirección proporcional a las señales
que irradia un código uniforme;
mas su placer circula en el sentido contrario
al de la clase y deferencia que al instante otorga
el precio y marca distintiva del carruaje.

¿Quién, con estos dones, se privará de una aventura
—testimonia exultante el manualista—
que teje el bienestar y la decencia
del pueblo soberano tan lejos de la férrea
y oscura gravedad de las doctrinas,
al latido autodidacta del volante?
Venturosas por ello son las generaciones
que labran su futuro en la belleza
del adelantamiento natural,
sin el turbio peaje, sin la esperanza fiel,
morosa de los antepasados,
con la sola potencia del vehículo propio,
en la espontánea, divertida autoescuela
del libre mercado de la carretera.

LA ACADEMIA DE PLATÓN

Demetrius Marcius, gladiador de ilusiones,
con su mente portátil y los ojos
bien clavados en su teclado *amateur*,
a la incurable edad de un varón civilizado
llamó a la puerta de la ciencia
con temblorosa voz.
Del frontispicio en bajorrelieve,
como tallada en mármol
—ninguna institución oculta sus secretos—,
colgaba esta leyenda:
cuanto es verdad aquí se cuantifica.
Cual escabel la flanqueaban
con sonrisa de plácido concurso
justicieras las tres Gracias del Saber.
Cosmediática túnica lucía y velo
de encajes gráficos con conexión en red.
Feraz, Euprodusine la miraba
cuán ufana emergiendo de su traje
de papel impreso hasta los pies.
Lucreticia, en cambio, se movía ágil
exhibiendo entre ambas a medio tul
su estelar torso desnudo, tatuado
de raros porcentajes y cifras
con cromática exactitud, a crédito.

Demetrius Marcius, hacedor de preguntas,
sintió en su carne el lírico alivio
de tan estrafalaria escena
y recordó por última vez,
con la escasa memoria que deja un frágil sueño,
la inscripción tenaz,
extenuadora de su larga pesadilla:
toda verdad siempre es diálogo.

I

De sus adentros al volver, *Demetrius Marcius*
sufrió el deslumbramiento contagioso
de la primera estancia —*Ciberestesia*—,
abierta por doquier a todo público,
sin paredes rugosas, sin división
de espacios, colgada del abismo
como un sutil caleidoscopio
de la locuacidad global.
La sala semejaba un capricho poliédrico
de pantallas en refracción continua
multiplicándose entre sí.
Ningún aprendizaje o duda nueva
al mimetismo multicolor de sus reflejos
escapaba, al murmullo audaz
de sus imágenes en lluvia intermitente.
El cuerpo doctrinal allí fulgía,
mágico y manejable,
como un retablo dócil de viñetas.
Monitores virtuales exponían
a intervalos mesiánicos, en *play back* magistral,
las claves del acceso,
los procedimientos de descarga exitosa,

las cómicas combinaciones
de destreza en la web. Distraer o enseñar
era cuestión de maquillaje,
de virtuosismo esnob en el acopio de herramientas;
adiestrarse, ser útil, un pasatiempo en línea,
la ocasión de patentar un perfil propio
de revelaciones insólitas
y enlaces atrevidos, que administran, dirimen
las opciones del alma.

Demetrius Marcius, aprendiz de emociones,
desconectó su seso y sus sentidos,
estulto en procesar con agudeza
tanta sabiduría al descubierto,
y apartándose a solas a lo oscuro
archivó en su código antivirus
—costumbre insana, sedicente, intrusa—
la postración de su impresión furtiva:
cuando es todo evidencia no hay conciencia.

II

En la estancia contigua, decorada
con bustos y efigies de grandes creadores
—*Poiética* era el rótulo—,
se apilaban sin brillo las obras inmortales
de la historia en copias digitales
de consulta rápida y olvido
desde un portal cualquiera, acreditado
del recinto. A un ala y otra
de aquel asilo fiel del pensamiento
con qué presteza se activaban
por contacto ocular cabinas adyacentes

de introducción a las diversas artes
del saber y la imaginación,
pulsadas a destajo por teleoperadoras
sin aliento, de energía didáctica y fantástica,
expertas en cautivar el ánimo
con su megafonía providente.
La luz de la invención y el tacto libre
para encender un sentimiento bello,
para habitar algún rincón agreste
de la materia indómita, allí se hilaban
al instante, como una táctica de empresa,
que insufla a sus clientes el don de los productos.

Demetrius Marcius, curtidor de palabras,
quiso tentar su suerte y exploró
con asombro los foros creativos
que al paso le salían. Aquí, el Taller
de Ingenio Joven, donde el talento ingenuo
se refina con suaves ocurrencias,
minimales a fuerza de estupor,
y el misterioso efecto de pegado
que siempre se propaga entre una y otra
cita ajena. Allá, el Aula Permanente
de Reciclaje y Perfección,
que enmienda en veinticuatro horas
los vicios cautelares de la edad,
tan proclive al placer reservado
e inoperante que procura la experiencia
directa con las cosas. A su espalda,
como maná del porvenir,
brioso erguíase el Laboratorio
de Alto Rendimiento Especulativo,
con su digno lema fluorescente

Produzca y no deduzca,
cuyas emisiones cerebrales
cotizan por volumen de peso bibliográfico
en el producto intelectual en bruto,
sin retención de ideas tóxicas o tópicas,
sin el balance neto de argumentos en firme,
con la sola gravidez de su impacto.
Al fondo, custodiando la salida,
su eficacia extendía el Buen Mercado
de la Ciencia al Por Mayor,
la instalación feliz y edificante
del genio justo y de su buen hacer.
Sobre anaqueles móviles, fielmente vigilados
por los robots en prácticas,
podía calcularse a simple goce
la ecoabundancia del espíritu:
artefactos de uso múltiple ricos en frivolidad,
campañas y servicios de bajo compromiso,
algunas piezas bélicas de filantropía,
títulos, cursos, juegos a la carta,
cargos o energías de consumo renovable,
baratijas táctiles de última generación
y demás ingeniería estética
para alargar sin duelo la hacendosa altivez
de un hombre a costa de otros hombres.

Habitante en pruebas en este reino culto
de bienes a la mano, *Demetrius Marcius*
cumplimentó con riguroso éxito
la encuesta de satisfacción segura y limpia
—la evaluación complace, eleva
la pulcritud de la existencia—,

y recibió airoso en tickets canjeables
el banal salvoconducto de su aptitud
profesional con un proverbio sacro:
ars inveniendi es lo que bien se vende.

III

Con la expectante intriga
del que va a obtener licencia para medrar,
Demetrius Marcius progresó fijamente
hacia una nueva estancia,
la más pía y beatífica
—*Econométrica y Fianza* se llamaba
por su tan redoblado celo popular—,
poblada en su interior, engalanada
por la publicidad y la beneficencia
de los Grandes Maestros Intocables
y su administración sagaz.
Allí, cual santuario de dadivosa fe
e ingreso en cuenta,
doctores del conocimiento
e ilustres directivos de nuestra libertad
de pensar imploraban, puestos todos en pie,
de sus Padres Propicios, Multimilenarios
la gracia musculosa de los sellos
y exclusivas de máxima excelencia
por sus mejores réditos carnales:
los valores contables de la inteligencia
en posición mediática, medioambiental,
quimérica. Cual coro de señales en *off,*
a su plegaria acudían entidades ocultas
de riesgo variable y firmas de admirable pelaje,
mientras al fondo desde el auditorio en lotes

de promoción los más aventajados
desfilaban, prestos a validar sus tickets
de descaro y competencia en los ritos
mistéricos, acreedores del lugar.

Demetrius Marcius, convaleciente, absorto
por la lucidez endémica del evento,
dirigiose, perdiéndose entre la muchedumbre
de correligionarios, hacia el expendedor
de Grados y Centígrados, que alertó
sonoro y concienzudo
del destemplado corazón de su expediente.
Las comisiones clínicas, cantoras
del reglamento escolar,
detectaron impiedad
de movimientos ceremoniales
y envejecimiento crítico.
Paciente en lista de cordura incurable,
Demetrius Marcius fue devuelto
con urgencia ejemplar al punto de partida.
Las Fuerzas Tutelares del Orden Pedagógico,
con su sano afán protocolario,
dictaron reiniciar su voluntad,
actualizarla con técnicas de *marketing*
de especial resolución.
En el turno postrero de inscripciones,
sin embargo, por un extraño azar
ningún registro en frío de entradas nuevas
y medidas su nombre confirmaba.
Como por ensalmo de la aclimatación
y el ímprobo furor por la terapia,
se halló, no obstante, se celebró en descargo
la incidencia de otro personaje:
Marc Demeter, calidad de mutante.

SEGUNDA PARTE

DIGITAL

DIOSES EN EL ESTUDIO

Todo está lleno de dioses
Tales de Mileto

Sacados de una estampa digital,
con el brillo que impone la ocasión
y el *marketing*, salieron a triunfar
los dioses vencedores del dolor.

¿Quién podía creer que era el Olimpo
su lugar natural, quién que los viera
lentamente crecer sin más destino
que el de soñar como un mortal cualquiera?

Mas helos aquí, flor de última hora:
tan cínicos, excelsos, deseables,
tocados por el hado de la moda,
dispuestos para el culto de la imagen.

Son muchos, de *glamour* tan variado
como exige el mercado de la audiencia,
mas uno son y el mismo por su ánimo
de producción rentable en esta Tierra.

Los hay sólo de cuerpo entero y mente
ausente, o pelotazo millonario;
los hay de marca joven y rebelde,
iconos del placer y el rito rápidos.

También los hay risueños y felices
por lo que pasa dentro de la escena,
providentes en todo lo que dicen,
trascendentes en todo lo que piensan.

Los dioses más divinos de la historia
—dioses y diosas espectaculares—,
con sus apariciones milagrosas
en la banalidad de los hogares,

a todos los rincones han llegado,
y el corazón lo mismo que el deseo
ya dominan con sus poderes mágicos,
tan próximos al hombre, tan modélicos

(velan con su caché por la decencia
de la costumbre y perfección virtuales,
y son ejemplo con su vida excéntrica
del gran misterio oculto en las verdades).

Venid, vayamos todos a adorarlos
sin miedo, limpios de mala conciencia,
que nos quieren dejar lo más sagrado:
el elixir de la vida superflua.

PROGRESO

El claxon ha filmado el despertar.
Humea el hormigón en las tazas,
la lluvia en los estanques
—*un café solo, por favor*—,
la mañana en la perplejidad del furor.
—*¿Con tostada o cruasán?*
La mirada escruta el porvenir
—*un nuevo asalto al banco de la esquina*—:
es hora de velar en las aceras
con ceremoniosa voz —*cincuenta y cinco
víctimas en la última operación salida*—.

Curvas, semáforos, espejos,
provocaciones del más alto rigor.
El pálpito sereno se hunde en la oquedad
de los signos —*su cuenta, caballero*—,
acrílicos legajos de mansedumbre espuria
cuelgan sobre el cuerpo de la luz
—*descienden las cifras del desempleo*—.
La impureza del aire aclimata los gestos
—*ha olvidado, señor, su tarjeta de crédito*—;
sobre el asfalto la identidad
se agolpa como lluvia de neón
—*gracias. La tostada era exquisita*—,
mientras la fiebre de los números
abanica el vértigo en la piel
—*¿habrán subido las acciones
tras el consejo reciente de ministros?*

Aventura felina, y tan marmórea
que el tedio ya cotiza por encima del índice
del bienestar y nos promete su penúltima
recesión —felizmente calculable—
de la duda o de la urbanidad.

METEOROLOGÍA
Plegaria para invocar al tiempo

No llueve ni el aire
broncea la piel bajo el sol de Nínive la astuta.
Quema el delirio de una imagen,
con la violencia del buscador de gloria
cotiza la codicia en los ojos,
o se desgrava el frío roedor de los sueños.
Homo habilis lo llaman los teólogos virtuales
de la bolsa; *summum bonum*, los meteorólogos
de inflación políticamente correcta; *summa incuria*,
los desprotegidos por la columna de ozono,
los desahuciados por la penúltima plaga
de Yahvévisión.
                Oh, Providencia punta y digna
de más precio bajo un cielo contaminado de usura,
concédenos al fin el brebaje
de la globalización
y hágase en nosotros el alma puritana,
sin dádivas, sin deudas, sin misterio.

PLEBISCITO

Lo que menos importa cuando mientes
es si finges de veras o de oficio,
si simulas el doble de ti mismo
o es tu doblaje el índice de audiencia.

Lo que menos importa cuando finges
es si actúas en vivo o en diferido,
si llevas lentes blandas
y desteñido el pelo en el verano
o rapada la mente a cero de memoria,
si piensas lo que piensas por hastío
o lo que cobras por hora de silencio.

Y aún menos importa tu suerte o tu destino,
si tu nombre se ignora por sus obras
o por obra de imágenes de archivo,
si estás de broma cuando vendes flores
o estás de moda cuando traficas con las almas
y tienes dientes largos
de trajinar de noche en los pasillos.

Importa que sonrías fieramente,
con complacencia cómplice en los ojos,
que registres luego la sonrisa
con marca de tus labios
y la expongas a cura de buen saldo
en las últimas rebajas de la gloria.

Importan asimismo tus modales y el modo
de mudarse tu piel y tus pasiones,
portar con garbo y estulticia el sacro
logotipo de pírrica piedad publicitaria
o deshacerse en lágrimas de acero
por la impudicia voraz de un reportero.

Pero importa incluso más, importa tanto
que es casi un delito de lesa humanidad
no secundarlo, el culto de la euforia,
la magia de la etérea juventud
o el rito de la conmemoración
audiovirtual,
según mandan los usos de la mercadotecnia
o las canónicas costumbres
de la feria digital.

Recuérdalo, ilustre soñador,
héroe de baja intensidad,
aprendiz de fortuna o de guiñol.
Recuérdalo si quieres vivir de corazón,
de tránsito o de estrella, en las portadas
o en el plebiscito especular
de cada fotograma.

Recuérdalo también, hombre o mujer
de voluntad humilde, ciudadano mortal,
que votas en las urnas y eres libre
de servir o comprar la penúltima firma
que fulge en tu pantalla.

Sí, recuérdalo,
amigo, compañero, buen demócrata
de encuesta y fiesta, soberano de un día;
no lo olvides
cuando calles de rabia en la oficina,
o declares pulcramente
tu herencia o tu conciencia ante el erario público.

PIRATAS EN LA MENTE

Han vuelto los piratas al rescate
con fiero afán transoceánico.
No hay costa ya en que encallen
ni quincalla maléfica que por honor desprecien.
Desembarcan en línea o en imagen
cargados de promesas fugitivas
y se hacen fuertes en la delgada conciencia
de los hogares y las plazas
con la sola publicidad de sus encantos,
cual chamanes beatíficos,
colonos naturales del deseo.
Han llegado con prisa y en misión perpetua,
más pueriles y mágicos que antaño,
dispuestos a quedarse de veras
con emociones y desvelos,
evacuando la mente
con sus propios botes salvavidas.
Han llegado cuerpo adentro y transitan con descaro,
como latidos nuestros por doquier.

Suyo es el ancho mar que baña las palabras,
el tesoro profundo de los gestos.
Suya es la gloria
y el oro táctil de los bienaventurados,
la adicción bien pensante a la aventura,
el contrabando de los sueños
que gotea en la piel
por cuotas legales de placer.

Suyo es cuanto desordena,
distrae o desmorona bajo presión de dicha,
lo que naufraga sin fronteras
por la red ambiental
de cualquier cráneo vano y libre
y contrae los corazones en abierto,
en dirección única al hastío;
todo ese gran alijo de la estupidez
flotando a la deriva en la sangre.
Suyo es cuanto en broma o en campaña
promociona el color anestésico del alma.

Piratas clonadores, protopatentísimos:
Vuestro es el pan y la verdad por tierra y aire,
los neurotransmisores —bien lo sabéis—
que surcan la extensión de la experiencia.
Sed por eso bienvenidos
a mi hemisferio oscuro, migrañoso,
baluarte hostil de las ideas,
para el que ahora yo os imploro
un emplasto somnífero y leal,
profilácticos señores,
ciberestelares,
cirujanos tenaces del cerebro,
que sometéis las manchas tumefactas del pensar
al dulce asedio de la mercadería estética,
provistos de lánguidos implantes transgresores.
Por eso os doy la bienvenida y os pregunto:
¿Quién puede arrancaros el botín selecto
de la complacencia en uno mismo,

quién negar a vuestra astucia el prodigio
de reunir la población dispersa
por indómitas ínsulas doradas
en un anhelo único y distante,
como monos alrededor de un platanero?
Por eso yo os exijo pía y tercamente
—*habeas animam* mi pecho— licencia
para anegar el tejido nervioso y los sentidos
hasta la incautación de la esperanza.
Pues los indígenas del tiempo,
pertrechados de víveres y vítores,
no temen intrusiones ya más prósperas
de espíritus silvestres, y, como a traición
senil, quieren fletar sus naves frágiles,
volver de bruces al primitivo oficio
de tripular en cueros, sin golosinas rápidas,
las solitarias horas propias.

LOS CUATRO PUNTOS DIGITALES DE LA FELICIDAD.

En ocho entregas de catorce versos cada una (con las dos primeras una guía para desnortados y un estrambote de suplemento)

Aviso para lectores desorientados en la actualidad

Con la expansión creciente de la red el espacio geográfico ha dejado de ser el marco de orientación y certidumbre de la vida. Los cuatro puntos cardinales —una antigua ficción de la topología del sentido común— no permiten tampoco situar con firmeza el curso de las cosas, que se ha tornado volátil y borroso, intangiblemente oscuro para adivinar la suerte del navegante. Por eso los hombres de la época virtual miran de nuevo al cielo y divisan en los astros señales inequívocas para la dirección de sus destinos, ya disponibles y a la venta en quioscos, librerías y programas nocturnos de libre televidencia, gracias a un sistema infalible de explicación categorial del azar. La certeza que da el conocimiento de las estrellas no exime, empero, de la urgencia de la vida misma. Nuevas prácticas de placer colectivo pautan por ello la existencia desde el amanecer hasta el ocaso, ofreciendo por doquier promesas de felicidad ligera. La libertad y la belleza —ilusiones que siempre movieron a la humanidad— han logrado finalmente acomodo y condición universal en la gruta como espectáculo, en cuya morada habita el ser, esférico, con sus modelos festivos de virtud y de pasión. También el sueño del dominio, sobre el que el espíritu proyectara antaño su propia verdad, cobra ahora verosimilitud, está incluso al alcance de la mano, se ha verificado —y sin las contrapartidas perniciosas para la especie o el planeta que algunos falsos gurús profetizaban— gracias al mando a distancia, un artefacto mágico con el que la disponibilidad de las imágenes sustituye a la reluctancia de las cosas. Una nueva mirada se posa sobre estas, una nueva experiencia las transforma y las redime como objetos de goce y de satisfacción masiva con sólo alcanzar el tacto, deslumbrar la vista, halagar el gusto. Las cosas nos seducen, nos reclaman, son el museo ubicuo del consumo, del que sólo nos separa una clave numérica y secreta, la tarjeta de crédito, ese talismán del deseo, gracias al cual se ha vuelto, por fin, visible y manejable nuestra misteriosa identidad.

HORÓSCOPO

I

Hemisferio astral propicio

Sabed vuestra verdad y vuestra vida
con sólo doce cartas en el juego
y seis para ganar vuestra partida.
Saldréis con el carnero, que da fuego

y quema al adversario, el toro luego,
que por tozudo y fiel jamás olvida.
Doblad después la suerte y bien cumplida
sea por el cangrejo absorto y ciego.

Rugid también un poco por despecho
para infundir quizás vuestra desdicha
con ánimo felino. Una ficha

en virgo frágil queda y está hecho:
salud, dinero, amor... ¿Qué otro derecho
tenéis a asegurar más vuestra dicha?

II

Hemisferio astral docente

Per saecula rationis de cultura
crearon nuestros sabios mil sistemas
para apresar el mundo con teoremas
y conceptos sin brillo ni hermosura.

Al fin doce elementos a la altura
popular descifraron, cual morfemas
del cielo, la verdad de los problemas.
Valgan de muestra seis por donosura.

Axioma de equilibrio y aire en libra
deriva en alacrán regenerable,
que arde en el centauro como llama

de fuerza, y en la tierra es cabra y vibra
de ambición, para ser tacto mudable
luego, agua en el pez, frágil soflama.

Esta es la ciencia fiel del nuevo imperio,
la que promete dicha y esperanza,
todo el saber, la gloria y el misterio:
la tierra, el fuego, el aire, el agua. ¡Serio
juego es la vida hecha adivinanza!

EL ESFÉRICO

I

Foro de libertad lúdica

Socialmente redondo el mundo gira
alrededor del juego de la esfera
sobre un césped de carne financiera,
adonde acude el hombre en masa y mira.

Allí la libertad en pie se estira
unánime en el grito sin frontera.
(No es bárbara la voz que bien tolera
el alma mercenaria y su mentira).

Allí sin paz y sin descanso brilla
la estrella laboral del desengaño
con pública alegría y se maquilla

el odio al adversario y al extraño.
Allí la vil violencia no mancilla
por ser sagrado pasto del rebaño.

II

Escuela de educación estética

Gallardos gladiadores embelesan
al pueblo cultivado con hazañas
siderales de juego, que no cesan
de llenarle de gozo las entrañas.

Con marca y club de dioses nos expresan
la magia de luchar como alimañas
la suerte del balón, al que profesan
su fe, como un gurú a las más extrañas

fuerzas del orbe. Lemas y colores
fortalecen el gusto y nos proponen
modelos de virtud en la pobreza.

También así, con voz de educadores,
las imágenes vivas nos exponen
el placer del teatro o la belleza.

ZAPPING

I

Utopía ilustrada en el sofá

Logrose al fin en todo hombre el sueño
de la razón moral y emancipada
con el televisor ante la almohada
y su mando a distancia como dueño

de nuestro quehacer más halagüeño.
Nadie pudo encontrar cada jornada
placer tan libre y paz tan deseada
como elegir canales con empeño.

El mundo es voluntad nuestra y consuelo
del alma denigrada en la oficina
o el hogar. Aquí cesa la rutina,

se hace el cambio de vida sin desvelo
realidad, sin esfuerzo baja el cielo,
visible en cada imagen sibilina.

II

Los discípulos del ocio

Complacientes, extáticos y ahítos
de emoción, es la imagen su conciencia
de virtud y la cátedra de ciencia,
donde aprenden valores, verbo y mitos.

Absortos como párvulos benditos,
adquieren tecleando la experiencia
y consagran su vida a la obediencia
admirando en los otros los delitos.

Jamás fue tan feliz una cultura,
jamás fue tan sensible al cataclismo,
ni tan digno el aspecto y la figura.

Aquí es gozosa norma el exotismo,
lo vil, la vanidad y la locura.
La variedad del mundo es mimetismo.

CRÉDITO Y CONSUMO

I

Crédito de vida

Logró por siempre el alma ya una prueba
de crédito y de pública existencia,
que goza de prestigio y de anuencia
en bancos y cenáculos de nueva

devoción y poder, donde se eleva
el espíritu y duerme la conciencia.
Para reunir consumo y excelencia
no hay talismán que a más personas mueva.

La identidad no es llama de la usura
si es portátil, elástica y un halo
exhibe de misterio, lengua oscura

que el hombre con la máquina comparte
sin recelo. La vida es un regalo
de la industria benéfica y su arte.

II

Supervivencia de lujo

Placer de dioses, ebria venturanza
tocar, fundir objetos sin sosiego,
con ansia hacerlos carne nuestra y fuego
contra el miedo a morir sin esperanza.

Nunca la producción dio la confianza
que asegura el producto con su juego
de vana posesión. Más mueve el ciego
devenir de la muerte, más su holganza

que el goce de la vida y su trabajo.
Sobrevivir es arte bien felino:
reunir, gastar las cosas a destajo

como quien roba al otro su destino.
De la historia no queda ni un legajo
que escape ya a tan fiero desatino.

DIVERTIMENTO *EX MACHINA*

A propósito de las instalaciones de Marc Bijl
expuestas en septiembre de 2009

¡Qué hermosa es la violencia
dosificada en plástico e imágenes
de efectos especiales,
instintiva y moderna,
capaz de ennoblecernos con sólo consumirla!

¿No os carga de inocencia
su olor reglamentario a videojuego,
la sangre etiquetada
que fulge perfecta en otros cuerpos,
la ilusión de cuerpo exterminable?

Un solo zarpazo al enemigo
con armas de explosión masiva
dignifica al héroe, lo torna familiar,
teleadictivo en cualquier foro
de emociones fuertes a la carta.

Distraer o morir,
divertirse o reventar, como un trofeo,
los anónimos bordes de la vida
no es torpeza vil de los mortales
sino divino afán de mimetismo,
que el reflejo no aleja de la bestia.

¡Qué instructiva, efervescente es la violencia
con firma de espectáculo y piel televisiva,
tan decente, civil, ciberestérea
y dinámica que nunca contamina,
el arte confortable de la crueldad!

EGOMETRAJE DEL PODER EN CUATRO FIGURAS

I

Es un amor el suyo prepotente,
de hondo sentir a golpes de arrebato,
que se adueña del alma sin recato
con un fervor de estirpe decadente.

¿Amar de cuerpo entero es esta fuente
que transforma lo ajeno en fiel retrato
del propio honor, del vértigo insensato,
y arranca del hogar la paz ardiente?

Sombrío es el placer de la locura
que carga el sentimiento de rudeza,
vil la fuerza que quiebra la ternura

del corazón y apaga su belleza.
Sólo se esconde la oquedad oscura
donde el sexo no es luz sino fiereza.

II

La honestidad se vende en una agencia
de mercado que fija los valores
y el destino de ser consumidores
jugando con el lucro a pura ciencia.

Esta sencilla regla de conciencia
nos hace ciudadanos y señores
de la Tierra, voraces soñadores
de la igualdad global en la indigencia.

¿Es acaso riqueza esta codicia
de inflar y camuflar con desmesura
hasta hundir el planeta en la inmundicia?

En este afán perverso de la usura
no hay remiendo sagaz y no hay justicia,
que no es dilapidable la cordura.

III

Fulge con la belleza de un instante,
vuela con la premura de un cometa;
caprichosa y voluble, no respeta
el alma noble ni el dolor sangrante.

Diosa más pura y táctil que el diamante,
transforma lo que toca en su careta,
porque el disfraz es su emoción secreta
para brillar de un soplo delirante.

¡Cuán admirable reina tu cortejo
de imágenes, de vítores, de humo,
donde no hay rostro sino sólo espejo

que multiplica el eco del montaje!
En esta feria infame del consumo
la gloria es una marca del pillaje.

IV

Un buen gobierno crece en la virtud
y aquilata su fuerza en la confianza.
Tal brillo democrático se alcanza
cuando se hace global su magnitud

y el mercado se torna sola luz
del obrar sabio y digno de esperanza.
La igualdad justa de esta fiel balanza
preserva el miedo de la multitud.

Un buen gobierno sabe de belleza,
nos representa con la piel tan pura
que está sólo en su imagen su nobleza.

Un buen gobierno vive del placer
de servir con el cetro de su altura.
Melodía o abismo aquí es poder.

¿Gobierna en paz quien sólo horror procura?

TEMPLO DE LA DICHA

Ahora que ya tengo casa propia
y un oficio oscuro para aliviar la vida,
quiero invitarte a *Park Light Paradise*,
el placer comercial de la utopía.

Es sábado y la hora de gozar
de alguna novedad, tan merecida
y exótica, la dosis blanda y recargable
en el mercado de la fantasía.

Vayamos, pues, a *Park Light Paradise*,
donde se cumplen todas las mentiras.
Aparquemos el tedio del hogar
en sitio oculto y vayamos en familia,

con las mejores galas y el espíritu
bien dispuesto a escapar de la rutina;
vayamos —como todo cliente digno
del ocio sagrado en busca de la dicha—

en esta tarde de obligada holganza
al templo del deseo y la alegría
a compartir la fiesta del consumo
y el gran misterio de las mercancías:

su variedad secreta y disponible,
su apetecible poder a la vista,
la magia de ser siempre diferentes
con alta fidelidad a sí mismas.

Allí nada hay en vano, nada que
no pueda adorarse de pie, sin prisa,
a precio módico, ante un escaparate
de tacto rápido y atracción divina,

que enciende la altivez del ojo humano
con la piedad de ser protagonista.
Es el lugar natural que anhelara antaño
nuestra especie, la tierra prometida

antes de que cualquier mancha y conciencia
desgraciada alejase la delicia
del mundo, ahora al fin de oferta en este templo,
el gran maná del alma compulsiva.

OFICIO DE TURISTA

Dejaré de escribir en vacaciones,
que las musas no visitan las playas
ni asaltan las aldeas.

Descanso azul, jovial sobre la arena.
Aquí yo fui feliz como los dioses,
con el alma tendida al sol,
en posición ligeramente natural
y desnuda del púdico quehacer
que eleva al *homo erectus.*
Aquí yo peregrino por devota
costumbre y fidelidad al propio cuerpo,
para que mude su piel vulgar,
envilecida, y se ennoblezca —signo
puro— con la bruma dorada
de la gloria. Aquí, bañado en sal
de muchedumbre, con el mismo uniforme
de espíritu que el color tibio de la vida,
soy testigo de un destino común,
que aglutina a la especie igual
que al individuo, y a placer comparto
mi suerte, con la libertad que da
la extravagancia y el olvido.
Por esta libertad fugaz, bendita,
dejaré de escribir en vacaciones,
que las musas no embellecen las playas
ni llenan los hoteles.

Entre riscos y bosques de rutas bien trazadas
busqué la paz y la aventura,
la exótica verdad
que irradia la emoción de lo remoto.
Con la limpia certeza del tacto originario
acampé junto a lindos animales salvajes
y rocas milenarias, que relajan
el tiempo y los sentidos, y mi ánimo
tornó al sosiego de la idílica conciencia
desafiando acantilados, habitando
cabañas de pizarra o adobe,
enmohecidas por el abandono,
respirando la momentánea humedad
de lo agreste. Yo quise participar entonces
de este secreto *per aeternitatem*,
y para llevármelo conmigo
—como las tribus de caníbales las entrañas de lo extraño—,
para esparcir después su don purificante
entre todos mis fieles allegados,
lo reproduje en bellos fotogramas
e imágenes de archivo.
Pues en cosas arcanas de pureza,
lo mismo que en la escena social, los lugares
más inhóspitos, las filigranas fortuitas
de la tierra o el agua revelan
de repente su naturaleza sacral
ante la cámara, se convierten en álbum
de admiración, en pías estampas ejemplares
de culto, que oxigenan de vida en diferido
el corazón del *homo videns vacuitator*,
y alimentan la fe en los misterios
de la banalidad y del consumo.

Por esta vanidad y su delirio
dejaré de escribir en vacaciones,
que las musas nunca escalan montañas
ni exploran las aldeas.

Hallé también, por fin, la inteligencia
que da el conocimiento deportivo
de ciudades arcanas y de objetos
de otra época y raza. Con hábito pueril
y mente abierta a las marcas registradas
del lugar, visité con fervor templos
sagrados e inmensas catedrales,
que enfriaban el tedio hasta cubrirlo
de hermosura, de excrementos de ave
que en la piedra la luz restablecían.
Sensible a la verdad del mundo cotidiano,
empecé a recorrer con displicencia
talleres y mansiones en ruinas,
muy logradas en los mapas de viaje,
y descubrí con fruición cómo se ajusta el alma
de los antepasados
al ojo especular de la agencia
con la mágica precisión del encanto
que despierta tanta inversión en felicidad.
No obstante, para goce del espíritu,
me entregué a la experiencia de alcanzar
la altura mítica del sueño en torres
fin de siècle, y llegué incluso a sentir
públicamente la belleza del arte
que promete el hacinamiento del gusto,
contemplando con deleite exposiciones
de estilo decadente o señorial.

Tanta cultura en vivo, en vídeo
pasatiempo —*honoris causa* del *homo
sapiens ornatissimus*— refinó
de tal modo mi porte y mi carácter,
que dejé, *dejaré de escribir en vacaciones,
pues las musas no hacen cola en museos
ni filman monumentos.*

Dejaré de escribir en vacaciones
o asistiré a la feria de mi pueblo,
donde siempre las musas
—*ars et potentia occultae naturales*—
sonaron más propicias.

ÍNDICE